Este libro le pertenece a:

....

Copyright © BPA Publishing Ltd 2020

Autora: Pip Reid

Ilustrador: Thomas Barnett

Director creativo: Curtis Reid

www.biblepathwayadventures.com

Gracias por apoyar a Bible Pathway Adventures®. Nuestra serie de aventuras ayuda a los padres a enseñarles a sus hijos sobre la Biblia de una forma divertida y creativa. Diseñada para toda la familia, la misión de Bible Pathway Adventures es reintroducir el discipulado en los hogares de todo el mundo. ¡La búsqueda de la verdad es más divertida que la tradición!

Los derechos morales de la autora y el ilustrador han sido declarados.
Este libro está protegido por copyright.

ISBN: 978-1-989961-00-1

"Durante cuarenta días diluvió sobre la tierra, las aguas subieron e hicieron flotar el arca levantándola del suelo". (Génesis 7:17)

Imagínate que Dios te pidiera que construyeses el barco más grande del mundo, ¿lo harías? Probablemente sacudirías tu cabeza y dirías: "¡De ninguna manera! Eso es imposible. ¡Nunca podría construir algo así!". Dios le dio esas mismas instrucciones a un hombre llamado Noé. Aunque Noé no entendía el gran plan de Dios, aceptó hacer lo que le pedía.

Dios vio que la gente en la tierra se estaba volviendo violenta y malvada. Se robaban los unos a los otros, adoraban a los ángeles y mezclaban animales para producir nuevas especies muy extrañas. Dios estaba apenado. Aquél no era el mundo que había diseñado.

¿Sabías que?

Muchas personas creen que hay formas diferentes de pronunciar el nombre de Dios. Estas incluyen, por ejemplo, Yah, Yahweh y Yahuah.

Durante esta época también había surgido una raza de gigantes, llamados nefilim. Eran hijos de ángeles malvados y mujeres humanas. ¡Los nefilim eran enormes y repugnantes!

"La tierra se ha vuelto muy violenta", se dijo Dios. *"Lamento haber creado a los hombres"*. Se le ocurrió un plan para eliminar todo lo que había sobre la tierra y comenzar de nuevo.

Pero Noé, hijo de Lamec, era diferente. Tenía un vínculo intenso con Dios y no se comportaba como el resto de las personas. Él era fiel y obediente. Un día, Dios le dijo a Noé: "La humanidad no sigue Mis designios. Voy a inundar la tierra para comenzar de nuevo". Noé no podía creer lo que estaba escuchando. ¿Iba Dios a destruirlo todo? *"Debe pensar que la tierra era un lugar infame"*, pensó Noé.

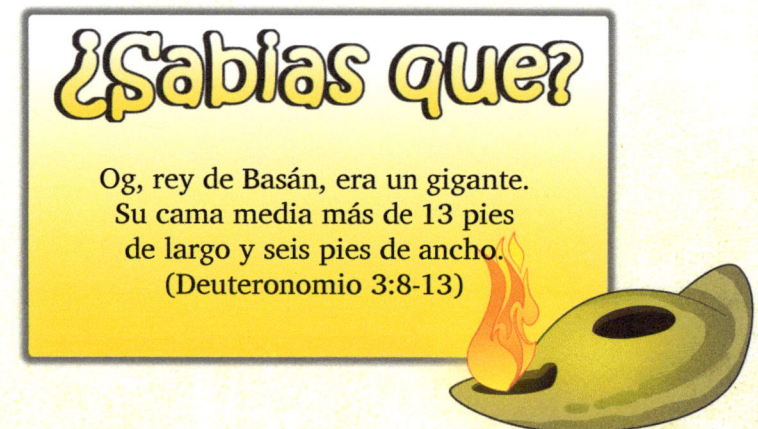

¿Sabías que?

Og, rey de Basán, era un gigante.
Su cama medía más de 13 pies
de largo y seis pies de ancho.
(Deuteronomio 3:8-13)

Pero Dios tenía más que decir: "Deseo que construyas un arca. Debe ser un barco lo suficientemente grande para introducir en él a muchos animales. Constrúyela de 300 codos de longitud, 30 codos de altura y 50 codos de ancho. Después, cúbrela con brea".

Noé se rascó la barba. ¡Aquel barco iba a ser enorme! Contempló el gran cielo azul. ¿Qué estaba planeando Dios? Verás, Noé no sabía lo que era la lluvia. Nunca se había dormido con el sonido de las gotas en el techo y ni siquiera tenía un impermeable.

Cuando Dios creó la tierra, también creó una niebla que surgía del suelo y regaba las plantas. ¿Por qué era necesario que cayese agua del cielo?

"¿Qué pasará con mi familia?", preguntó Noé. "¿La salvarás como a los animales?". "Mi inundación lo destruirá todo", respondió Dios. "Pero no debes preocuparte. Os mantendré a ti y a tu familia a salvo".

¡Noé suspiró aliviado! ¡A Dios le agradaba su familia! Pero Noé aún tenía curiosidad. Después de todo, nunca antes había construido un arca. "Sigue mis instrucciones", dijo Dios. "Yo te diré qué hacer".

Noé y sus tres hijos, Sem, Cam y Jafet, eran muy inteligentes. Sabían cómo fabricar muchas cosas. Cortaron árboles de gofre para el casco de la nave y tallaron piedras para las anclas. Hicieron clavos de hierro y mezclaron grandes barriles de pegamento denso, para que todas las piezas se mantuvieran juntas. Cuando finalmente todo estuvo listo, Noé y sus hijos comenzaron a construir el arca.

Siguieron las instrucciones de Dios atentamente. Cada día, el arca se hacía más y más grande. Los vecinos de Noé contemplaban fascinados el barco gigante. ¡Nunca antes habían visto una embarcación TAN grande!

"¿De verdad te dijo Dios que construyeras esta arca?", se reían. "¡Estás perdiendo el tiempo, viejo tonto!".

Noé lanzó una mirada furibunda a sus vecinos. "Si ponéis vuestra fe en Dios, podéis uniros a nosotros", les dijo, martilleando clavos de hierro en la cubierta. Pero sus vecinos continuaban burlándose de él y no hacían caso. "Ya no necesitamos a Dios", se jactaban. "Tenemos a los ángeles para que nos guíen".

¿Sabías que?

Antes del Diluvio, algunas personas vivieron hasta que tuvieron cerca de 1000 años. (Génesis 9:29)

Noé y sus hijos ignoraron las burlas y siguieron con el proyecto. Construyeron tres plataformas para los animales y una puerta especial para que estos pudiesen entrar. Dispusieron habitaciones acogedoras ellos mismos y una ventana grande para que saliera el mal olor. Por último, construyeron un techo de madera y cubrieron el casco con una brea negra pegajosa para impedir el paso del agua.

Finalmente, el arca estaba lista. Dejaron sus herramientas y levantaron sus miradas para contemplar el poderoso barco. "¡Qué barco tan asombroso!", dijo Sem. "¿Alguna vez habían visto algo tan grande?".

Sem y su familia no se imaginaban la extraordinaria aventura que les esperaba.

Dios le dijo a Noé: "Mete en el arca toda clase de comida para ustedes y los animales". Noé hizo exactamente lo que Dios le pidió. Juntó grano y heno para los animales, así como fruta seca, verdura y pescado para su familia. ¡La esposa de Noé había preparado comida para años, así que sabían que tendrían alimentos de sobra!

Entonces Dios dijo a Noé: "Lleva a tu familia dentro del arca y preparaos. Reuniré a los animales y te los traeré". Los miembros de la familia de Noé temblaron de emoción. ¿Qué había planeado Dios para después? Recogieron sus pertenencias y las llevaron al arca.

Y Noé esperó la llegada de los animales.

Pronto, miles de animales se reunieron delante del arca, empujándose unos a otros para asegurarse un buen lugar dentro. ¡Bramaban, rugían, graznaban y gruñían! ¡Imagínate cuánto ruido!

Noé se quedó boquiabierto. Había muchos animales extraños que nunca había visto. "¿Por dónde empiezo?", clamó, cubriéndose la cara con sus manos. Estaba muy agradecido por la ayuda de Dios.

"Elige siete parejas de cada especie limpia de aves y animales", dijo Dios. "De cada clase de animal impuro, solo toma una pareja. Dentro de siete días enviaré agua sobre la tierra durante cuarenta días y cuarenta noches".

Noé se situó frente al arca y contó los animales. Eligió siete parejas de cada especie de animal limpio. De cada clase de animal impuro solo escogió una pareja, exactamente como Dios le había dicho.

Entonces, condujo a los animales por una rampa hasta el interior del arca. Había jirafas y elefantes, osos hormigueros y armadillos, gatos y monos, osos e hipopótamos. Cuando todos los animales estuvieron dentro del arca, Dios cerró la puerta. Ninguno de los vecinos de Noé estaba en el arca. Todos habían decidido hacer las cosas a su manera.

¿Sabías que?

Noé tenía 600 años cuando el Diluvio comenzó. (Génesis 7:11)

De repente, el cielo se oscureció. Los truenos rugían entre gruesas nubes negras y en el turbio cielo aparecieron relámpagos. Las compuertas celestiales se abrieron y comenzó a llover.

Llovió y llovió. Los amigos y vecinos de Noé miraban fijamente al cielo: "¿De dónde viene el agua?", se preguntaron. "¡Quizás Noé tenía razón!".

La tierra comenzó a temblar y a quebrarse como la cáscara de un huevo. Manantiales profundos brotaron de golpe y el agua comenzó a manar de debajo de la tierra. Los asustados vecinos de Noé comenzaron a golpear el arca con sus puños, rogando que les dejaran entrar. "¡Abrid la puerta, o de lo contrario moriremos!".

Noé se secó una lágrima del ojo. Había deseado de todo corazón que la gente tuviera fe en Dios. "Se los advertí. Pero pensaron que estaba loco", le dijo Noé a su esposa, entristecido. "No me creyeron cuando les dije que estaba oyendo a Dios. Ahora es demasiado tarde".

Llovió durante cuarenta días y cuarenta noches. El agua seguía saliendo de debajo de la tierra; su nivel ascendía más y más. Dentro del arca, los animales se removían como la ropa dentro de una lavadora. Había tanto ruido, ¡que la familia de Noé apenas podía oír sus pensamientos!

Noé sacó su cabeza por la ventana. El agua se extendía tan lejos como sus ojos podían ver. Las colinas y los valles habían desaparecido. Noé temblaba, así que se envolvió fuertemente con su manta. Se dio cuenta de que las únicas personas que quedaban en todo el mundo eran él y su familia. "Por favor, protégenos y líbranos de esta tormenta", rezó Noé.

Finalmente, la lluvia cesó y los manantiales subterráneos se cerraron. Un viento suave sopló sobre la tierra, las olas se calmaron y el mar quedó liso como un cristal. Todo estaba en silencio.

Noé y su familia se asomaron por la borda del arca. Se estremecieron al ver las aguas fangosas abajo. ¡Era como si la tierra entera hubiera sido engullida por ellas! Dieron gracias a Dios por mantenerlos a salvo.

"Me siento como si llevase en el arca toda mi vida", suspiró Sem. "¿Cuándo crees que desaparecerá el agua?". Noé sonrió a su hijo: "No te preocupes. Dios no se ha olvidado de nosotros. Solo debes tener fe. Él arreglará las cosas".

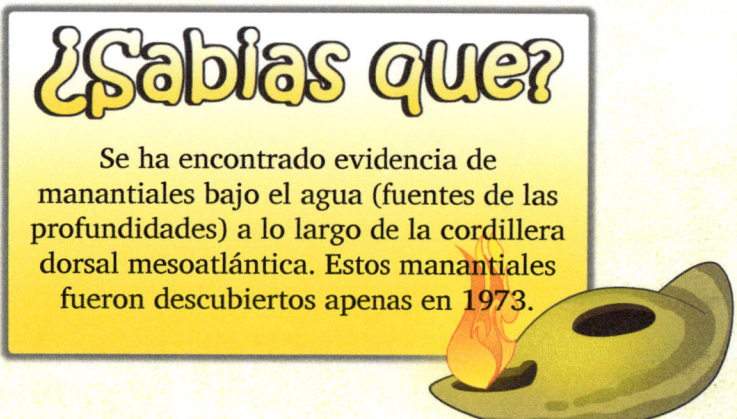

¿Sabías que?

Se ha encontrado evidencia de manantiales bajo el agua (fuentes de las profundidades) a lo largo de la cordillera dorsal mesoatlántica. Estos manantiales fueron descubiertos apenas en 1973.

Todos los días, la familia de Noé vigilaba a través de la ventana para comprobar si el agua estaba descendiendo. Pero cada mañana, el agua golpeaba los costados del arca.

Un día, mientras Noé y su familia estaban desayunando, divisaron un fragmento de roca en la distancia. "¡El agua debe estar retrocediendo!", gritó Noé emocionado, señalando la cima de la montaña.

"¿Qué?", exclamó Sem, y él y Cam corrieron hacia la ventana y contemplaron el oscuro montículo rocoso. Casi no podían creer lo que sus ojos veían: "¡Es cierto! ¡Realmente Dios no nos ha olvidado!".

Unos meses después, finalmente el arca se posó sobre las montañas de Ararat. Noé escogió una gran ave negra llamada cuervo, y la envió fuera del arca. Voló de allá para acá, esperando a que las aguas de la tierra se secaran.

Noé se cansó de esperar a que el cuervo regresara y envió a una paloma. La paloma no pudo conseguir ningún lugar para posarse, y su estómago gruñía. Voló directamente de vuelta al arca, donde sabía que había suficiente comida.

Noé espero otros siete días y envió nuevamente a la paloma. Esta vez, el pájaro regresó con una hoja de olivo arrancada recientemente. Los ojos de Noé se iluminaron. "¡Esto quiere decir que las aguas finalmente han bajado!", gritó. Envió a la paloma de nuevo, y esta vez no regresó.

Noé y sus hijos abrieron el arca y miraron a su alrededor, contemplando su nuevo hogar. "¡La tierra parece estar seca!", dijo Jafet, sonriendo a su madre. "Quizás podamos cultivar vegetales nuevamente".

La esposa de Noé aplaudió. Le agradeció a Dios con todo su corazón el haber salvado a su familia. Estaba ansiosa por prepararles a todos una buena comida.

Dios le dijo a Noé: "Toma a tu esposa, a tus hijos y a sus esposas, y dejen el arca. Lleva a todas las aves y animales contigo". Noé y su familia se miraron nerviosamente entre sí. Les alegraba dejar el barco, pero el diluvio lo había destruido todo. ¿Cómo podrían vivir en esta tierra nueva y extraña?

¿Sabías que?

Hay más de 500 leyendas de todo el mundo acerca de un diluvio global. Muchas de las historias incluyen el aviso de una próxima inundación, la construcción de un barco, el resguardo de los animales, y una familia.

Los animales se apresuraron a ponerse en pie y estirar sus piernas. ¡Habían permanecido en el barco durante mucho tiempo y estaban ansiosos por revolcarse en las frescas praderas verdes! Uno por uno, los animales descendieron la rampa a la carrera y salieron al sol del mediodía.

Noé quería darle las gracias a Dios por mantener a su familia a salvo durante el Diluvio, así que tomó un montón de piedras y con ellas levantó un gran altar. Después, eligió un ejemplar de cada especie limpia y los sacrificó para Dios.

Dios estaba muy contento de que Noé le hubiese obedecido durante aquella gran aventura. Se dijo a sí mismo: *"Nunca volveré a maldecir la tierra de esta manera, ni destruiré a todos los seres vivos. Mientras haya tierra, las estaciones vendrán y se irán, y el día y la noche nunca dejarán de existir"*.

Después, Dios bendijo a Noé y a sus hijos, diciéndoles: "Noé, ten muchos hijos para que tus descendientes ocupen toda la tierra". Noé sonrió. Le gustaba la idea de tener una familia numerosa. Plantó un viñedo para celebrar la ocasión.

Dios también hizo una promesa para Noé y para sus descendientes. Dijo: "Prometo no castigar de nuevo a los seres vivos con un diluvio. Como símbolo de esta promesa, colocaré un arcoíris en el cielo". Noé y su familia estaban muy contentos. Estaban listos para confiar plenamente en Dios.

Las palabras de Dios duran eternamente. De ahora en adelante, cuando veas un arcoíris en el cielo, ¡recuerda que Dios siempre cumple sus promesas!

FIN

¡Prueba tu conocimiento!
(Empareja la pregunta con la respuesta correcta en la parte de abajo de la página)

PREGUNTAS

¿Quién era el padre de Noé? ....

¿Qué tan larga era el arca de Noé? ....

¿De qué material estaba hecha el arca de Noé? ....

¿Cuántas ventanas tenía el arca? ....

¿Cuántas parejas de cada animal "limpio" llevó Noé al arca? ....

¿Qué edad tenía Noé cuando comenzó el Diluvio? ....

¿Qué le llevó la paloma a Noé? ....

¿Sobre cuál montaña se posó el arca de Noé? ....

¿Qué construyó Noé cuando salió del arca? ....

¿Cuál era la señal de la promesa entre Dios y Noé? ....

RESPUESTAS

1. Lamec
2. 300 codos
3. Madera de gofre
4. Una
5. Siete
6. Seiscientos años
7. Una hoja de olivo
8. Las montañas de Ararat
9. Un altar
10. Un arcoíris

Completa la sopa de letras

TIERRA FAMILIA
LLUVIA ANIMALES
LIMPIO AGUA
NOÉ   ARCA
ARARAT GIGANTES

```
L L U V I A I P E A
G I G A N T E S Q N
A F M D O S F R E I
R I Y P S G A R R M
A Z W M I E M B A A
R Q M Q T O I E G L
A I Q Z S J L D U E
T I E R R A I E A S
K L U Y D U A O S W
N O É F X A R C A J
```

Bible Pathway Adventures®

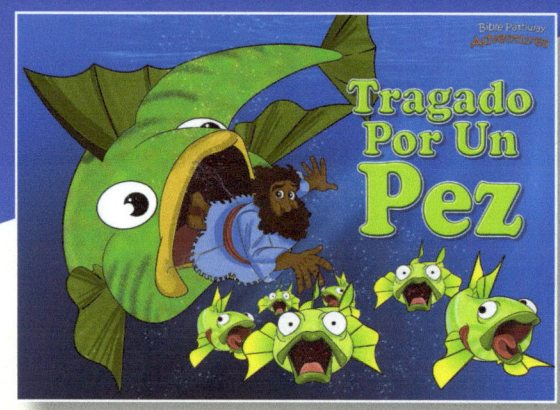
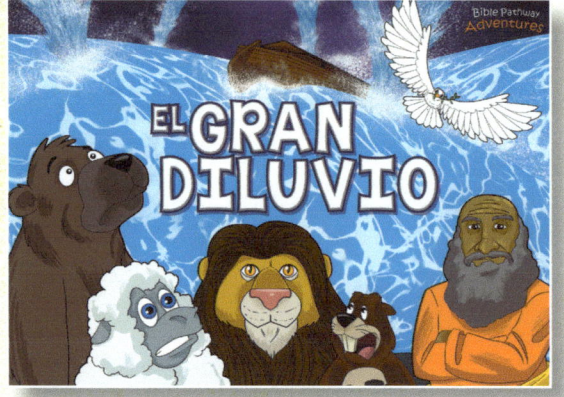

Arrojado a los Leones

El Nacimiento del Rey

Traición al Rey

El Rey Resucitó

Vendido como Esclavo

Salvado por una Asna

La Novia Elegida

El Éxodo

La bruja de Endor

Enfrentándose al Gigante

Tragado por un pez

La Huida de Egipto

¡Naufragio!

¡Descubre más historias de la Biblia de Bible Pathway Adventures!

Consulte los libros de actividades de Bible Pathway Adventures

IR A

www.biblepathwayadventures.com

www.ingramcontent.com/pod-product-compliance
Lightning Source LLC
Chambersburg PA
CBHW040318100526
44583CB00004BB/147